Este libro
pertenece a:

....

....

Perdida
y encontrada

Textos: *Jennifer Moore-Mallinos*

Ilustraciones: *Marta Fàbrega*

BARRON'S

—Una de las tareas de ser tu hermana mayor es la de enseñarte todas las cosas que ya aprendí.

Cuando yo tenía más o menos tu edad, mamá y papá me llevaron a un parque de diversiones en la ciudad. Nunca olvidaré aquel día, porque fue cuando aprendí que perderse no era nada divertido, y que daba mucho miedo.

—¿Qué pasó?

4-5

—Era un caluroso día de verano y estábamos todos entusiasmados por recorrer el parque. Había gente por todos lados. Debía de estar allí toda la ciudad, porque fuéramos donde fuésemos, siempre había gente a nuestro alrededor.

6–7

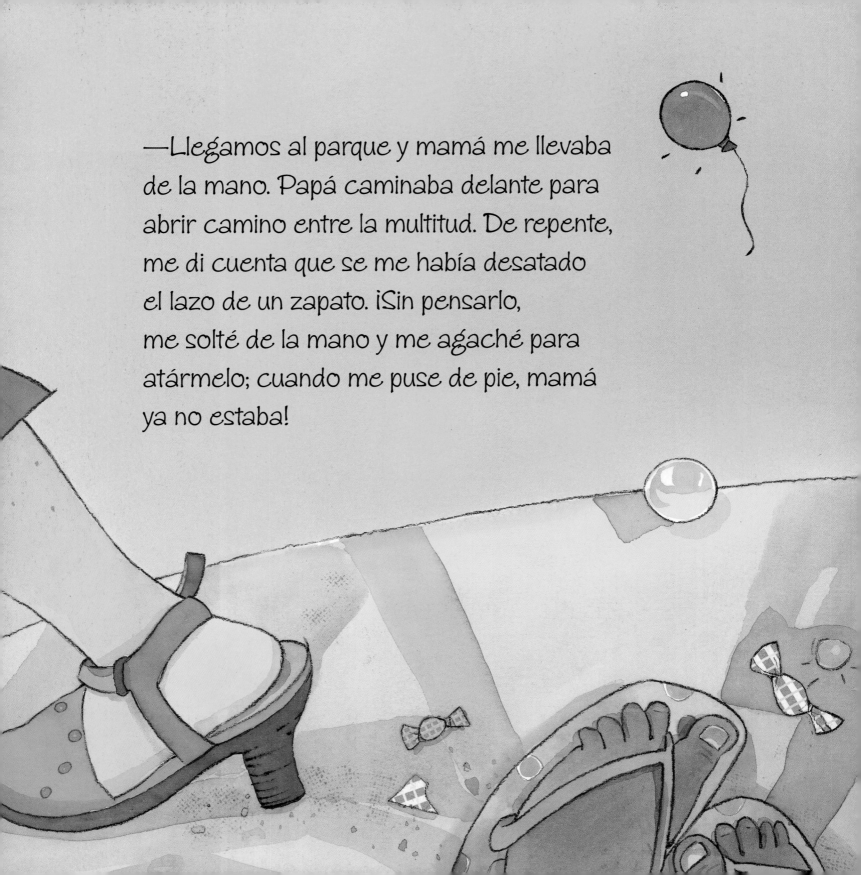

—Llegamos al parque y mamá me llevaba
de la mano. Papá caminaba delante para
abrir camino entre la multitud. De repente,
me di cuenta que se me había desatado
el lazo de un zapato. ¡Sin pensarlo,
me solté de la mano y me agaché para
atármelo; cuando me puse de pie, mamá
ya no estaba!

—Ahí estaba yo, sola, de pie entre un gentío de personas desconocidas...

—Grité tanto que me dolía la garganta
pero papá y mamá no me oían. ¡Me había
perdido! Mis ojos se llenaron de lágrimas
y comencé a sentirme muy asustada.
No sabía que hacer. ¿Debía empezar
a andar y tratar de encontrarlos,
o bien quedarme donde estaba?
En ese momento apareció un policía. Debió
darse cuenta de que estaba perdida porque
caminó directamente hacia mí y me preguntó
si necesitaba ayuda. Llorando le dije que sí.

—Supe que era un policía porque llevaba un uniforme azul marino y una placa especial en la camisa. Cuando se agachó, me sonrió y me dijo que todo saldría bien. Me dijo que me iba a ayudar a encontrar a mamá y papá, pero antes necesitaba hacerme algunas preguntas.

—Primero me preguntó cómo me llamaba
y si sabía mi dirección y el número de teléfono
de casa.

—Luego quiso saber cómo eran mis padres
y qué ropa vestían. Cuando me preguntó si sabía
el número del teléfono móvil de papá o mamá,
como no lo sabía, me eché a llorar. ¡Tenía miedo
de haberme perdido para siempre! Así fue como
aprendí lo importante que es saber de memoria
sus números de teléfono móvil.

—Luego el policía me explicó
que debía llevarme a un lugar
especial llamado PUNTO
DE SEGURIDAD, donde
los niños que se pierden van
para encontrar a sus padres.
Me dio la mano y comenzamos
a caminar entre la gente.
Recuerdo que estaba tan
asustada que le apretaba
la mano tan fuerte como podía,
porque no quería volverme
a perder.

—Cuando llegamos, vi que allí había un montón de niños más. Algunos lloraban a pleno pulmón mientras llamaban a sus padres. Empecé a sentir pánico de que

mamá y papá no me encontraran. Me preocupaba por lo angustiados que debían de haberse sentido cuando se dieron cuenta que me había perdido.

—¿Por qué no le dijiste al policía cuál era el lugar donde debían encontrarse? Mamá y papá te habrían ido a buscar allí.

—Nunca habíamos pensado en tener un lugar
de encuentro antes de que pasara esto. Ahora
todos sabemos que, vayamos donde vayamos,
siempre debemos elegir de antemano un lugar
de encuentro, para ir allí en caso de que uno
de nosotros se pierda.

—Me pareció que llevaba sentada en el PUNTO DE SEGURIDAD mucho tiempo, pero al cabo de un rato el policía vino a ver cómo estaba.

—Me regaló un oso panda de peluche, me abrazó un poquito y me dijo que todo saldría bien. Traté de ser valiente y no llorar, pero no lo logré.

—¿Qué pasó cuando mamá y papá te encontraron?

—Nunca olvidaré lo feliz que me sentí cuando
los vi entrar corriendo por la puerta.

Se abalanzaron hacia mí, me levantaron en brazos
y todos llorábamos.

—¿Incluso papá?

—Sí, incluso papá. Cuando nos fuimos, recuerdo que
al pasar junto a los otros niños perdidos pensaba en
la suerte que tenía de que me hubieran encontrado
y que esos niños podían estar tranquilos, ya que muy
pronto sus padres los irían a recoger.

—Ahora, cuando vea tu oso panda de peluche,
me acordaré del susto que te llevaste el día
que te perdiste, y mamá y papá también.
Desde luego, ir de la mano de mamá o de
papá y señalar siempre un lugar de encuentro,
sea donde sea, me parece una idea
estupenda.
—Y no te olvides de aprender también
sus números de teléfono móvil.
—Me alegro de que te encontraran y me
alegro de que seas mi hermana mayor.
¡Eres la mejor!

guía
para los padres

Como padres, velamos constantemente por la seguridad de nuestros hijos. Asegurarnos de que no se pierdan es sólo una de las muchas preocupaciones que tenemos. Por más aterradora que la idea pueda ser, es algo que hemos de pensar y analizar con nuestros hijos.

El sentimiento de pánico que se apodera de un padre cuando se da cuenta de que su hijo se ha perdido es insoportable. ¿Usted qué haría? ¿Y qué haría su hijo? ¿Sabe él o ella su nombre y apellidos, el número de teléfono y la dirección? Como padres, tenemos la obligación de asegurarnos de que proporcionamos a nuestros hijos las herramientas necesarias que les ayuden a mantener su propia seguridad.

Perdida y encontrada enfoca el hecho terrible de que a veces, a pesar de nuestros esfuerzos, nuestros hijos se apartan de nosotros y se pierden. El texto se puede usar para facilitar y estimular el diálogo entre usted y sus hijos, centrado específicamente en la seguridad de los pequeños. Usted y ellos tendrán la oportunidad de estudiar diversas estrategias que aplicar en la eventualidad de que se pierdan, así como de destacar la importancia que tiene que sus hijos sean capaces de recordar informaciones que sirvan para encontrarlos.

Es imperativo que cada niño sepa su nombre y sus apellidos, la dirección de su domicilio y el número de teléfono de su casa, así como el teléfono móvil de su padre y su madre. Para algunos niños, retener tanta información puede parecer abrumador y resultar difícil, de modo que de nosotros depende que este aprendizaje sea divertido y no algo tedioso y pesado. Recuerde que a los niños les encantan las repeticiones, las canciones sencillas y las rimas fáciles.

¿Puede usted describir detalladamente la ropa que lleva su hijo hoy? Los niños tienen que saber ciertos datos, y los padres también. Ser capaz de describir al niño con todo detalle, así como tener una fotografía reciente a mano es esencial para aumentar las posibilidades de que el pequeño sea encontrado.

¿Establece con el niño un punto de encuentro bien destacado en cuanto llegan a un lugar público? Identificar un lugar de encuentro, como la puerta de entrada del zoológico o el gran ascensor de vidrio que hay en el centro comercial, permite que el niño tenga una referencia fácil a la cual acudir en caso de quedar separados.

Cuando le lea este libro a sus hijos, demuestre entusiasmo e interés por el mensaje que contiene, a pesar de que se trate de una cuestión muy seria. Los niños se sienten motivados a aprender cuando se divierten. Por eso, la forma más eficaz de compartir estos conceptos con sus hijos es simplemente... ¡divertirse!